Marca
Los significados
de un signo identificador

Norberto Chaves

Marca
Los significados de un signo identificador

Anotaciones sobre la función semántica
de símbolos y logotipos

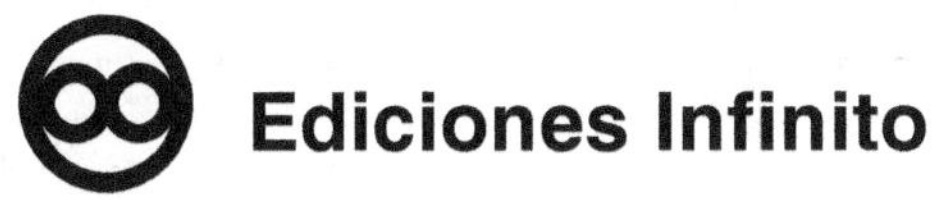 Ediciones Infinito

Chaves, Norberto

Marca : Los significados de un signo identificador. - 2a ed. - Buenos Aires : Infinito, 2022.

68 p.; 13×21 cm.

ISBN 978-987-9393-65-9

1. Diseño. I. Título

CDD 741.6

Colección Saber y comunicar

Supervisión general: Cristina Lafiandra
Diseño gráfico: Karina Di Pace

© de todas las ediciones en español
Ediciones Infinito
e-mail: info@edicionesinfinito.com
http://www.edicionesinfinito.com
Buenos Aires, Argentina.

ISBN 978-987-9393-65-9
Hecho el depósito que marca la ley 11.723

Índice

Dilemas del plano semántico de las marcas

En la gestión de la comunicación corporativa, la creación de marcas gráficas se ha transformado en uno de los campos de mayor actividad y notoriedad pública: las marcas ya no sólo comunican sino también son tema de la comunicación.

A pesar de este protagonismo y de la intensa y prolongada actividad de diseño que viene sirviendo a ese mercado, no se observa un desarrollo significativo del conocimiento de las reales funciones de esos signos. Un amplio sector de profesionales y directivos sigue manejándose con preconceptos y recetas sustentadas en clisés.

A la hora de diseñar marcas, una errónea caracterización de sus requisitos hace que se introduzcan rasgos disfuncionales que las deprecian, reduciendo sus rendimientos. Y, a la hora de justificar su diseño, se apela a argumentaciones antojadizas, infundadas, desvinculadas del real funcionamiento de esos signos en la comunicación pública concreta.

Resulta sugerente que entre esos argumentos predominen siempre los de tipo semántico; omitiéndose, por ejemplo, los funcionales (legibilidad, pregnancia, sistematicidad) o formales (calidad cultural, vigencia, pertinencia estilística).

Escuchemos en directo las fundamentaciones de algunas importantes marcas para comprobar hasta qué punto puede predominar lo subjetivo en la explicación de "lo que significan" las marcas.

Los autores del *revamping* de la marca de AT&T, excelente diseño original de un gran maestro, Saul Bass, sostienen lo siguiente: "la dimensionalidad fue agregada al globo para señalar su nuevo y adicional alcance. La nueva luminosidad hace que la marca sea más accesible y el grado de transparencia ayuda a capturar la honestidad y la apertura central para revitalizar la marca. [...] transformó la tipografía monolítica y sólida en una tipografía minúscula y más suave, [...] dándole mayor personalidad, dinamismo y que vaya más con un negocio que está a la vanguardia de obtener una nueva tecnología que sea más significativa para los clientes".

En la fundamentación del logotipo de NIKON se lee: "destaca un nuevo elemento gráfico de rayos secuenciales que representa el objetivo de Nikon y sus posibilidades futuras. Como Nikon mismo lo establece, "el nuevo diseño es la celebración de la trayectoria de nuestros productos y nuestra tecnología, y es una visión entusiasta hacia el futuro".

Otro exceso: "la nueva marca Spacio1, expresa claramente la idea de estas tiendas como punto de encuentro y un lugar donde reunirse con amigos".

Acerca de la nueva marca de FRANCE TELECOM, se afirma que "el resultado ha sido una identidad realmente diferenciadora basada en el símbolo 'ampersand' que expresa los beneficios de combinar las telecomunicaciones con las convergentes tecnologías interactivas.

Oigamos ahora a VARIG: "nuestro diseño representa tanto la herencia de Varig como la reemergencia nacional del Brasil. El símbolo de Varig —la rosa de los vientos— es vibrante y evocativo, con direcciones adicionales que reflejan la expansión de los destinos mundiales de la compañía. Un nuevo elemento gráfico, la palabra 'Brasil' dibujada caligráficamente, estilo cursiva, aporta gracioso dinamismo".

TELEFÓNICA tampoco es tímida a la hora de atribuir significados: "la marca representa, mediante el trazo fluido y seguro de la caligrafía, nuestra dedicación a las comunidades humanas y la capacidad de entendimiento. La línea láser que la subraya recalca la constancia y el compromiso. Los colores [...] establecen una conexión emotiva con nuestros clientes [...] siendo el verde brillante representativo de nuestra vitalidad y el azul intenso, reflejo de la capacidad de gestión que nos distingue".

Evidentemente, todas son significaciones forzadas, muy frecuentes en las justificaciones a posteriori que suelen improvisar los diseñadores al presentar sus marcas. Sólo el arbitrio de sus creadores puede establecer esas equivalencias entre forma y contenido; y dichos contenidos no son los registrados públicamente. Un signo identificador no es un oráculo: son muy pocos los significados que puede transmitir y bastará con que sean los adecuados.

Por lo general, el cumplimiento de la función semántica suele ser considerado suficiente para probar la pertinencia del signo, suposición que es reforzada con otra: la creencia de que dichos referentes externos deben relacionarse con los atributos, características o actividades de la entidad identificada. Por ejemplo, los logotipos o símbolos de los jardines de infancia suelen referir explícitamente a la niñez (muñequitos, letra de niño, colores primarios); y este criterio es considerado como norma de aplicación universal.

Se trata simplemente de un error de apreciación: la función semántica no es la única ni la más importante que debe cumplir el signo identificador. Y más aún: en algunos casos esta función semántica suele estar ausente u ocupar un lugar secundario entre otras exigencias como, por ejemplo, la capacidad vocativa o fática.

Obsérvese, por ejemplo, el caso MITSUBISHI: ni el símbolo ni el logotipo hacen alusión al producto ni a la empresa, ni prácticamente a nada concreto. Dicen su nombre y sugieren, en todo caso, que se trata de una marca corporativa, y poco más. El símbolo tiene desde ya un origen; pero tal origen no es conocido por el público, no es deducido espontáneamente de su forma ni hace falta que se deduzca.

Y más aún: el extenso número de organizaciones que utilizan sólo un logotipo confeccionado con una tipografía estándar (PANASONIC, CHANEL, SIEMENS, MOMA, ARMANI, etcétera, etcétera) confirma que la función puramente denominativa puede ser, incluso, la única. Pues, en esos casos, toda connotación queda restringida a la sutil "personalidad" de la fuente tipográfica. Y las diferencias entre las connotaciones de una Helvética y una Frutiger o entre una Bodoni y una Garamond, que son grandes, al público en general le resultarán prácticamente imperceptibles.

Por otra parte, los contenidos semánticos expresos del signo, en caso de estar presentes, no necesariamente han de aludir a los atributos o realidades de la entidad; que era el segundo presupuesto erróneo. Obsérvese, por ejemplo, el caso de Shell: la alusión explícita a una concha nada narra acerca de la empresa ni sus servicios. En su origen, la concha parece haber hecho referencia al carácter marítimo de los yacimientos de Shell, a diferencia de los terrestres de la competencia. Pero dicho origen ha quedado olvidado y el carácter marítimo, superado en los hechos. El símbolo, al igual que el acrónimo de IBM ha devenido arbitrario; pues han perdido otro significado que el nombre de la empresa.

Lo mismo ocurre con APPLE. El símbolo se limita a redundar sobre el nombre, abiertamente arbitrario. En ambos casos, igual que en Mitsubishi los símbolos tienen su origen que les da "coartadas"; pero, como en la etimología de las palabras, las articulaciones originales son disueltas por el olvido.

Por otra parte, tal como lo muestran las citas del inicio, la exageración del peso de lo semántico suele ir acompañada por aquella interpretación libérrima de los contenidos de los signos. El sentido del signo suele fundamentarse atribuyéndole significados al margen de los códigos socialmente vigentes y, por lo tanto, esos significados no son efectivamente leídos por los receptores reales.

Por esa jerarquía desmesurada que se le suele atribuir a la función semántica y por los abusos en la asignación arbitraria de significados a los signos, será útil considerar dicha función con cierto detenimiento y analizar los procesos por los cuales se garantiza su cumplimiento real y adecuado.

Uno

Significación primaria y significación secundaria

El único significado universal de los signos identificadores, el único que han de transmitir todos ellos sin excepción, es la referencia a su propietario. La función de todo signo identificador es, valga la tautología, identificar: denominar a su dueño.

Se trata de una función común al nombre oral, al nombre escrito (logotipo) y al símbolo gráfico (ícono o signo abstracto): asignarle a un sujeto un signo que permita distinguirlo del resto, individualizarlo, marcarlo, señalizarlo. El significado del acto de denominar es lo denominado. "Pedro" significa "ese individuo llamado Pedro".

Esta función primaria y universal se produce esencialmente por asociación convencionalizada. La asociación se memoriza por reiteración del uso específico del signo como nombre; tal como ocurre con los nombres propios.

Nada hay en el nombre Pedro que describa al niño recién bautizado, ni nada hay en el niño que indique que se ha de llamar Pedro. Pero, con sólo mencionar por primera vez su nombre, los interlocutores lo recordarán y lo utilizarán en lo sucesivo durante toda la vida; y aquél que comenzó "llamándose" Pedro acabará "siendo" Pedro. El vínculo entre signo y su referente se solidificará: el nombre quedará naturalizado.

A partir de esa función primaria —la única universal— aparece una función secundaria, consistente en la adjetivación o determinación del sujeto. Esta segunda función se cumple por dos cauces distintos, aunque complementarios:

la codificación espontánea y la codificación intencional. El signo puede ir semantizándose durante el uso gracias a su reincidente asociación con el sujeto y sus atributos; o el signo se construye de partida de modo que sus rasgos respondan a códigos semánticos preexistentes que faciliten la lectura social de esas adjetivaciones.

Julio César es un nombre propio y nada más: no quiere decir nada. En su uso coloquial su etimología está ausente, y ésta no necesariamente remite a su usuario concreto. El emperador romano así bautizado bien podría haberse llamado Casio o Tulio.

Pero a lo largo de su vida el nombre de este emperador se cargó de significados, hasta el punto de devenir un genérico: los Césares. Algo parecido ocurrió con GILLETTE; no sólo denomina a una empresa sino, además, se ha ido cargando con la referencia a su producto. A pesar de no hacer ninguna alusión a él: era sólo el apellido de su fundador. Y lo que comenzó como nombre propio acabó constituyendo un sustantivo común, identificador de un producto genérico: "la" *gillette*.

Ilustremos ahora la otra vertiente, aquella en que los signos son definidos con intención referencial expresa. Carlomagno comenzó llamándose Carlo; quienes lo rebautizaron buscaron un adjetivo que aluda explícitamente a su grandeza, semantizaron su apelativo. Tanto de lo mismo ocurre con MICROSOFT: quienes bautizaron esa empresa intentaron que su nombre hiciera cierta referencia a su sector de actividad.

Ambas vías, la codificación espontánea y la intencional, son complementarias y, obviamente, la satisfacción de la segunda acelerará el cumplimiento de la primera. Un signo pertinente a la identidad de su propietario favorecerá su "contagio" con las características de éste. Pero "pertinencia" no siempre es sinónimo de "referencia": adecuarse al perfil no es necesariamente "narrarlo".

Dos

Código y mensaje

Cuando concebimos intencionalmente un signo identificador, cuidamos normalmente que dicho signo resulte pertinente a la identidad de su usuario, que no la contradiga. Si sabemos, por ejemplo, que la criatura nacerá varón escogeremos un nombre masculino. Es decir, intentaremos que el signo no lo desidentifique ni genere equívocos.

Ahora bien, puestos a bautizar gráficamente a una entidad cualquiera, ¿cómo sabremos cuándo el signo cumplirá correctamente su objetivo? Sencillamente, obraremos del mismo modo que al emitir cualquier otro mensaje: apelaremos consciente e inconscientemente a una serie de convenciones generalizadas, paradigmas socialmente instalados y reconocibles que condicionarán, por asociación y por comparación, los significados atribuibles a esos significantes.

El nombre italiano Andrea es masculino; pero, en castellano, la desinencia en "a" de los nombres —propios y comunes— está codificada como indicador del género femenino. Ello ha favorecido la importación de este nombre italiano como femenino castellano de Andrés.

La convención castellana fue más fuerte que los dictámenes de la gramática italiana —desconocidos por el público hispanoparlante— y legitimó su cambio de género": se trata de la fuerza semantizadora del paradigma o código gramatical predominante.

Cuando construimos un signo gráfico —convencidos de esta dictadura de los paradigmas respectivos— suponemos, sospechamos, intuimos que en la mente del receptor existen ciertas asociaciones tipificadas que le permitirán interpretar ciertos significados. O sea, conocemos los códigos socialmente activos y sabemos cuáles de ellos entrarán en acción al contemplarse el significante gráfico. Por ejemplo, si escribiéramos el nombre de una institución con una tipografía clásica (de las "con serif"), el público notará cierta seriedad, cierto talante culto, o cierta historia.

¿Por qué tenderá a asociar el logotipo (y por ende a su usuario) con esas nociones? ¿Porque lo decimos nosotros? No, simplemente por una costumbre vuelta convención: las fachadas de los monumentos históricos, desde Roma hasta aquí, los libros antiguos, las lápidas y placas conmemorativas, regularmente muestran ese tipo de letra; y eso hace que se produzcan espontáneamente aquellas asociaciones en la memoria del público.

En tanto el paradigma está socialmente instalado, los emisores de nuevos mensajes echarán mano a él cada que vez que esperen producir aquellas resonancias. Y de este modo, mediante una suerte de círculo vicioso, la costumbre deviene norma práctica. Ni más ni menos que lo que ocurre con el lenguaje verbal.

Si, en cambio, para escribir aquel nombre, utilizáramos una tipografía de "palo seco", el público tenderá espontáneamente a asociar el logotipo (y, por ende, a su usuario) con cierta actualizada modernidad, cierta "ausencia de historia" y, posiblemente, mayor "frialdad" u "objetividad".

¿Por qué realizará esas asociaciones? ¿Porque lo decimos nosotros? No, simplemente porque este tipo de letra predomina en los logotipos y en los anuncios de las empresas e instituciones nacidas básicamente a partir de mediados del siglo XIX, y en aquéllas que adoptan las familias tipográficas de reciente creación, diseñadas bajo el mandato de máxima funcionalidad, abstracción, despojamiento de florituras, desprendimiento de toda referencia al pasado y por lo tanto, modernidad.

Esas familias, por su rendimiento visual, fueron las utilizadas por los modernos sistemas de señalización (cuando no creadas específicamente para ellos) y ello las fue asociando no sólo a la modernidad sino también a la "fría" funcionalidad.

De tanto verlas en tales usos, el público memorizó esos vínculos y el paradigma quedó instalado. Los emisores de nuevos mensajes echan mano de él cada vez que desean obtener aquellas resonancias y, así, la costumbre deviene norma. Ni más ni menos que lo que ocurre con el lenguaje verbal.

¿Significa esto que el caso está cerrado? ¿Será imposible salirse de la norma? En absoluto. Si los paradigmas del lenguaje instituidos fueran inexorables no existiría la poesía, ni la literatura, ni siquiera forma alguna de comunicación humana viva y eficaz.

La transgresión, el exabrupto, lo inesperado tienen un papel importante en la comunicación humana. Pero no toda transgresión es comunicacionalmente eficaz. La eficacia de la transgresión sólo se confirma cuando el mensaje transgresor logra hacerse entender con más contundencia aún que el mensaje convencional. Para ello, deberá hacerse leer a partir del paradigma transgredido y lograr transmitir el sentido intencionado.

En la transgresión, el condicionamiento paradigmático del mensaje, lejos de ser menor que en la forma convencional, es, por así decirlo, doble. En comunicación, transgresión es sobrecodificación, metacodificación: lo opuesto a la "libertad". Pues la transgresión de los códigos vigentes, para que potencie la comunicación, debe ser justificada y exacta. O sea, no debe aparecer como una arbitrariedad sino como "la forma sorprendentemente más adecuada de decir aquello".

Y tal lectura será posible gracias a que el mensaje ha sido redactado de modo que el código transgredido es detectable y permite re-codificar el mensaje. Todo mensaje transgresor eficaz lo es por ser leído a través del código transgredido. De no ser así, conducirá al fracaso. Como un chiste malo o mal contado.

El valor de la transgresión no reside en el mero hecho de transgredir, sino en que, mediante ella, se logre superar la eficacia de la forma convencional de comunicar lo mismo.

Retomemos el ejemplo de las connotaciones de las familias tipográficas. La opción por una u otra vertiente —la "clásica" o la "moderna"— no agota las posibilidades de generar significaciones públicamente detectables.

Intervenciones de detalle agregarán nuevos significados. Dentro de aquellos dos ámbitos tipográficos generales, la particular fuente que se escoja y el tratamiento que se le dé a la composición del nombre, reinscribirán a éste en nuevos paradigmas que aportarán nuevas connotaciones.

El uso de mayúsculas, minúsculas (o ambas) y el uso de itálicas o negritas, incluirá inflexiones en las significaciones del logotipo. Estos nuevos paradigmas matizarán, potenciarán, corregirán o contrarrestarán las connotaciones básicas de una y otra opción estilística general.

El signo aparecerá, entonces, en el cruce de varios paradigmas que generarán su riqueza de sentidos. Cuanto más y más pertinentes a la identidad del usuario sean aquellos paradigmas, más potente y consistente será la función identificadora del signo.

Los signos identificadores gráficos transmiten la identidad de su usuario gracias a algo tan sutil como el estilo: la identidad circula, básicamente, por el plano retórico del signo. La identidad no se narra: se sugiere. La identidad es esencialmente transmitida por connotación.

Tal como ocurre con la identidad del individuo: captamos la personalidad de nuestro interlocutor aunque no podamos explicar con exactitud qué fue lo que nos la sugirió: ¿gestualidad?, ¿indumentaria?, ¿tono de voz?, ¿léxico?... Nadie va por la calle con un cartel diciendo quién y qué es.

Y lo que ocurre con el nombre (o logotipo) ocurrirá con cualquier otro tipo de signo identificador (íconos, símbolos gráficos abstractos, soportes gráficos, etcétera): siempre se inscribirán en uno o más paradigmas socialmente reconocidos, que serán los que, precisamente, definirán su sentido y orientarán espontánea, inconscientemente, su lectura: "parece una etiqueta", "parece un escudo", "parece un monograma bordado", "parece una lápida", "parece...", "parece". Se trata de parecer lo que se es.

La "pertinencia" del signo a la identidad de su propietario es siempre tipológica y estilística y sólo en algunos casos, raros, también semántica.

Tres

Código y cultura

Una vez emitido el signo, el emisor pierde el control de él: éste cae bajo la soberanía decodificante del receptor. Tal es, precisamente, el desafío clave de la comunicación humana. De allí la importancia de conocer o intuir certeramente los códigos que el receptor pondrá en funcionamiento al recibir el mensaje.

Tal conocimiento no es un saber teórico ni, mucho menos, producto de una metodología, sino un saber afincado en la cultura, ese gigantesco y enmarañado conglomerado de códigos. Si conocemos estos códigos es porque en parte los compartimos y porque, además, poseemos una sensibilidad y una cultura comunicacional que nos permite ponernos en el lugar del receptor, imaginar qué es lo que entenderá cuando vea nuestro mensaje.

Esta habilidad no es un recurso exclusivamente profesional: se trata de la misma capacidad que nos permite, por ejemplo, mantener conversaciones igualmente exitosas con nuestra pareja, con nuestro cliente, con un niño y con la pescadera del mercado: sabemos lo que tenemos en común en cada caso y aquello que en el otro es, en cada caso, distinto.

La prueba de ello la tendremos trocando los registros: si cruzásemos las retóricas y a la pescadera le habláramos como si fuera nuestra pareja y al cliente le habláramos como si fuera un niño, y viceversa, el equívoco, o sea, el fracaso comunicativo estaría garantizado.

Ahora bien, el reconocimiento consciente de los códigos —condición indispensable en la tarea del diseño— no es suficiente. La complicada e irrepetible serie de combinaciones que se entablará entre ellos en cada caso hace imposible acceder racionalmente a todos los matices del sentido del signo.

Sólo una gran sensibilidad comunicacional garantiza el registro de esos matices y la celeridad y precisión de los ajustes de la forma de los signos a fin de garantizar su eficacia.

Los mecanismos de la comunicación humana habitan esencialmente en lo inconsciente. Sólo la sensibilidad y la experiencia permiten gobernar el sentido del mensaje; y sólo una gran riqueza de lenguaje permite verbalizar, o sea, volver conscientes algunos de sus procesos.

Cuando un actor nos emociona a través de la interpretación del personaje es porque, gracias a su don de observación e imitación, ha logrado captar y reproducir los códigos verbales y gestuales de este tipo humano, hasta el punto de que sintamos que conocemos a esa persona, que es real, que existe. Se trata de la capacidad mimética del actor. Si le preguntásemos cómo lo ha logrado, algo nos dirá; pero será para él imposible describir en detalle cómo y por qué ha logrado esa magia.

Concebir un signo identificatorio —y cualquier tipo de mensaje eficaz— es haber desarrollado esa capacidad mimética. Gracias a ella, el signo —que es una construcción necesariamente artificial— deviene natural, o sea, objetivo e inobjetable. Y por lo tanto verosímil, creíble.

En ese sentido, pretender atribuirle significados a los signos a propio criterio y al margen de los códigos socialmente efectivos, es incurrir en el absurdo: los signos no significan lo que al emisor le da la gana sino lo que determinan las convenciones sociales reales y vigentes.

Y, en el caso de que el emisor quisiera convencionalizar un significado no previamente codificado, deberá hacer un doble esfuerzo: articular significante y significado de un modo verosímil y comunicar reiteradamente dicha articulación hasta que se instale en la memoria colectiva.

Sorprendentemente, en los manuales de identidad corporativa suelen aparecer, con frecuencia, frases tales como: "El color azul del logotipo significa tecnología", o "La curva de la letra 's' indica sensualidad"; como si un significado atribuido a libre arbitrio por el emisor y no registrado como obvios por el receptor, tuvieran algún valor comunicacional.

Sólo en determinados contextos y con ciertos tratamientos, aquellos rasgos podrán sugerir efectivamente estos significados, de modo que el receptor, a la corta o a la larga, pueda registrarlos.

Cuatro

Individuo y sociedad: el lector social

Pero sería ingenuo creer que ese registro es exclusivamente individual. Aquella "soberanía decodificante" del receptor tiene sus matices; pues el individuo no es sólo individuo sino, a la vez, comunidad. Veámoslo.

De un modo del todo similar a lo que ocurre con la lengua, existen latentes en el inconsciente social una serie de convenciones estables y profundas que rigen el sentido de los signos; y estas convenciones predominan sobre aquellas, más parciales o coyunturales, que generarán lecturas efímeras o de menos cobertura social.

Esas convenciones no son, ni más ni menos, que la "cultura general", o sea, la comunidad, lo que es común y reina sobre lo individual o lo sectorial; aquello que, tarde o temprano, se impone sobre sus variantes particulares.

Cada cual tendrá su jerga, cada grupo tendrá su idiolecto; pero en la comunicación social regirá la lengua o alguna versión dialectal de ésta. Y cuando el individuo se asoma al mensaje social lo hace asumiendo que lo allí vigente no es lo personal, y está dispuesto a amoldarse, a relativizar sus "subjetivismos", a aceptar condiciones.

El receptor individual someterá sus interpretaciones personales a los dictámenes de lo social que, de uno u otro modo conoce. Pues su propio interés lo lleva a querer descifrar "lo que aquello significa para los demás":

querrá conocer el significado social de aquello, para "entender".

Cuando nuestro interlocutor usa un término cuyo significado desconocemos, no pensamos que se trata de un vocablo vacío de significado ni tampoco una palabra inventada por él. Normalmente le interrumpiremos para preguntarle qué "quiere decir" aquello. Y ese "querer decir" no es lo que a nuestro interlocutor se le antoje, sino lo que significa para la sociedad. O sea, le preguntamos por el significado socialmente convenido.

En la comunicación social, el individuo obra, en cierto plano, como comunidad. Y en tanto el emisor también lo sea, ambos obrarán como aliados.

En la creación de un signo identificador sucede algo similar: no basta con recurrir a los códigos utilizados sólo por el receptor tipo sino, fundamentalmente, se han de aplicar los códigos de la cultura gráfica socialmente vigente.

Y nunca el propio antojo. El capricho, la arbitrariedad o el subjetivismo sólo se justifican, en todo caso, cuando de lo que se trate sea de transmitir el capricho y la arbitrariedad o el subjetivismo como signos de identidad del emisor.

Cinco

Motivación y arbitrariedad

Todo identificador gráfico posee algún grado de arbitrariedad: la motivación total es imposible. Por mucho que se creen anclajes o articulaciones entre el signo gráfico y su referente (la identidad de su propietario) siempre existirán rasgos aleatorios: el matiz de color, la variante tipográfica, el tipo de ícono, el tamaño o proporción. Pero esa arbitrariedad jamás podrá predominar: como mínimo, por algún lado aparecerá el nombre del propietario, que entablará un anclaje con el referente.

Cualquiera fuera el grado de motivación-arbitrariedad adecuado al caso, una condición básica habrá de cumplirse para que quede garantizada la eficacia identificatoria: el signo deberá favorecer la sugerencia inmediata de significados pertinentes y una progresiva acumulación de significados pertinentes a lo largo del tiempo.

Y la primera sugerencia que ha de hacernos el signo es la asociación de su propietario con el paradigma institucional en que está inscrito: una universidad no ha de parecer un bingo, una industria no ha de parecer una fiesta mayor, un país no ha de parecer una colonia de vacaciones.

Para cumplir la segunda misión, la acumulación de significados pertinentes, el signo deberá poseer capacidades semánticas latentes válidas y poder asumir los contenidos que vayan siendo asignados por el uso.

Ello es posible gracias a que en la cultura gráfica de la sociedad existen unos estándares que brindan una "plataforma de sostén" fiable a la significación social de un identificador gráfico. Y esos estándares, como se dijo, son esencialmente morfológicos y estilísticos. No es lo que el signo "narre" sino lo que su tipo y su estilo sugieran.

En ese sentido, no todo signo será válido por el sólo hecho de que "tarde o temprano" se contagiará con los significados de la identidad de su propietario. En principio, no está probado que todo signo se deje contagiar o que no contrarreste o desmienta los significados pertinentes. Y, además, por razones de sentido común, siempre será mejor que ese contagio se produzca más temprano que tarde.

Seis

La variación de la lectura: espacio social y tiempo histórico

La complejidad de la dimensión semántica del signo identificador crecerá si hacemos ingresar a más de un tipo de lector. Y esta consideración no es anecdótica; pues resulta materialmente imposible que un signo identificador vaya dirigido a un público único y absolutamente homogéneo. Desde el punto de vista comunicacional, cada público o "audiencia" no es sino una determinada combinación de códigos de lectura.

La lectura tendrá entonces tantas versiones como públicos diferenciados, o sea, siempre existirá un margen de variación de los mensajes recibidos. Controlar la comunicación es ser capaz de prever la lectura y corregir el signo hasta lograr una "lectura media" compatible con los objetivos del mensaje.

En función de lo anterior, podemos decir que todo signo identificatorio posee una serie de significados derivados de su codificación social media, y, además, de sus variantes de codificación segmentadas.

Pero estas codificaciones no necesariamente agotan el sentido de los signos: situaciones de contexto histórico podrán alterar las codificaciones, atribuyéndoles así a los signos unos significados que no eran los originales.

A lo largo de su vida, el signo se ve sometido a permanentes relecturas a cargo de los mismos lectores que, alteradas las circunstancias, se comportan como si fueran otros lectores.

A ellos se sumarán nuevos lectores que decodificarán al mismo signo de un modo distinto o ligeramente distinto. Y dichas lecturas irán haciendo aflorar significados potenciales. La virtud clave de todo signo identificador consiste en que, a lo largo de su trayectoria, todas las lecturas que haya ido recibiendo hayan sumado valor, al despertar significados potenciales positivos.

La lectura pública de aquellos contenidos del signo que resultan directamente evidentes no es, por lo tanto, el único parámetro para medir su grado de eficacia. Pues, debido a la propia naturaleza de la comunicación humana, ningún signo es unisémico y no todos sus distintos significados son manifiestos.

Todo signo posee —lo quiera o no su emisor— un sustrato de significaciones latentes, no expresas de modo inmediato, que pueden aflorar en función de un cambio del contexto de lectura. FATE (Fábrica Argentina de Telas Engomadas) se transformó en una famosa industria de neumáticos. El significado original de "Fate" se disolvió en el olvido. Al transformarse en un gran exportador a los Estados Unidos y Europa, su nombre derivó en un obstáculo (*fate* = fatalidad).

Esta condición complica, de facto, la tarea de creación de signos identificadores; pues toda aspiración a la eficacia reclamará un esfuerzo por controlar no sólo los significados manifiestos e inmediatos, sino también los latentes: aquellos que dependen de códigos también reales y vigentes, pero que no actúan "a la primera".

Retomemos el ejemplo de los logotipos con serif y de palo seco. Puede ocurrir que una parte del público no note nada de lo dicho más arriba, o sea, que no registre las connotaciones de aquellas tipografías, y sólo lea el nombre y, a lo sumo, le parezca bonito o correcto.

Pero las connotaciones mencionadas son objetivas —en el sentido de socialmente vigentes— y, por ejemplo, podrán aflorar en un contexto comparativo. Cuando aquel logo que "no me decía nada" aparezca junto a otro de un lenguaje opuesto, exhibirá automáticamente aquel carácter no detectado al principio. Lo latente devendrá, así, manifiesto. O sea, la lectura individual devendrá lectura social: el lector individual acabará entendiendo el mensaje socialmente válido.

Es precisamente aquí donde fracasa el pensamiento inmediatista que se satisface con que la lectura deseada del signo quede verificada en su "testeo", inmediato a su creación. Nada garantiza que esas lecturas sean las que hayan de perdurar, ni que la evolución semántica del signo resulte favorable.

El diseño superficial se contenta con el éxito inmediato de un testeo y, en aras de lograrlo, hipoteca capas más profundas que garantizarán que aquel éxito sea duradero. El diseño profesional, por el contrario, persigue aquella intersección múltiple de códigos pertinentes en el signo, que potencian su "densidad semántica".

De ese modo garantizará que el sentido del signo —su valor como identificador— se vaya reconfirmando con el tiempo. O sea que posea una "potencialidad semántica" que se vaya desplegando.

El símbolo de la CAIXA DE PENSIONS hizo su aparición asociado al paradigma de lo informal, lo gestual y lo transgresor. Con el tiempo, se insertó en el paradigma de la plástica contemporánea al quedar masivamente asociado al arte: "la estrella de Miró". En cambio, con la mayoría de los signos "gestuales" que lo han imitado ha ocurrido lo contrario: las marcas "mironianas" han quedado asociadas a la banalidad, a la moda efímera, y han perdido vigencia.

Del mismo modo, un signo que inicialmente puede verse como "parco", con el correr del tiempo y el uso podrá leerse como "elegante". Los códigos de la elegancia, por lo general, obran con mayor lentitud que los de la alegría o el humor.

El logotipo de CHANEL, visto al margen de toda relación con esa marca comercial y su prestigio, es a todas luces un logotipo parco, incluso "duro", inexpresivo. Sólo un público sofisticado verá en él una connotación de sobria elegancia.

Pero, con el tiempo, aquel código de la elegancia, semioculto para el gran público, irá haciéndose evidente y más aún, abrirá un paradigma, o sea, se instalará como modelo socialmente extendido. Hoy la amplia mayoría de las marcas de la moda militan en aquella estrategia identificatoria.

Recíprocamente, el logotipo de COCA-COLA, al margen de toda relación con esa marca, es a todas luces, *naïf*, *pop*; y es claramente leído por el gran público como una marca comercial de consumo masivo y lúdico (un refresco).

Pero la extrema calidad que ha alcanzado a lo largo de sus sucesivos rediseños, su perfecto equilibrio gráfico, le permite ser reconocido por un público más sofisticado como una pieza con valores trascendentes al producto y, sin duda, como la mejor marca singular de refrescos.

Desde un enfoque estratégico, es más importante el potencial de rendimiento semántico a largo plazo que la interpretación media inmediata del signo. Para garantizar ese potencial, se requiere una muy alta idoneidad comunicacional en lo gráfico, que permita detectar los sentidos socialmente codificados y latentes en cada signo o en cada rasgo de detalle del signo.

La auténtica tecnología del diseñador gráfico es el conocimiento y manejo de las matrices interpretantes latentes en la cultura gráfica para detectar cuáles de esas matrices conviene priorizar en cada caso, de cara a dotar de alta eficacia y larga vida al signo.

El buen diseño crea signos "con carga de reserva": inyecta en ellos valores estilísticos o retóricos, anclajes referenciales, estructuras armónicas que el uso irá rentabilizando semánticamente a lo largo del tiempo.

Siete

Lo evidente
y lo implícito

Una actitud objetiva ante la significación de los signos identificadores debería distinguir, en principio, dos estados del significado: el explícito y el implícito; y reconocer que la frontera entre estos dos estados es lábil: varía conforme el contexto de la emisión-recepción del signo y conforme el receptor.

La marca-país de MÉXICO es la propia palabra México, cuyo significado es evidente para una amplísima mayoría del público; mayoría que varía —no obstante— según las comunidades. Para determinadas comunidades —lejanas, no familiarizadas con ese país— su significado será enigmático y quedará librado a las asociaciones regidas por los paradigmas gráficos de esa comunidad.

Tal cripticidad no deslegitima en absoluto al signo: para esas comunidades, el significado real estará implícito a la espera de su codificación explícita. Dicho llanamente: tarde o temprano la descubrirán.

Tanto de lo mismo ocurrirá con las texturas observables en la superficie de las letras del logotipo México (en su primera versión, ya modificada). Para algunos, dichas texturas aludirán explícitamente a la iconografía mexicana o, incluso, precolombina; mientras que para otros será una mera decoración, un agregado puramente estético, carente de significado.

Pero tal textura seguirá siendo pertinente, pues sus significados explícitos (cierta potencia cromática y formal) son compatibles con la identidad de México y su significado implícito (la referencia cultural nativa), aunque no se registrara en lo inmediato, es objetivo y puede develarse alterando el contexto de la lectura.

Para la amplísima mayoría de la población mundial, el nombre NIKE "no quiere decir nada"; mejor dicho, quiere decir "la empresa de prendas deportivas que lleva ese nombre". A lo sumo, la palabra "nike" conllevará cierto carácter de nombre de pila o apodo (suena a "Mike", a "Mickey"), connotación pertinente para el caso.

Pero "nike" en griego significa "victoria", un significado sumergido para la mayoría del público que, de hacérselo aflorar (por ejemplo, mediante una campaña publicitaria) sumará contenidos a la identificación y, en este caso, también positivos.

La mayoría del público internacional desconoce el significado de la hoja de arce en la bandera canadiense (y en su respectiva marca-país), pero es dada por legítima con toda certidumbre; pues se da por supuesto que tiene un origen real aunque se ignore cuál es. En tanto el significado es real y está convalidado socialmente, no importa que se ignore. Y bastará hacerlo evidente para que el público lo registre.

O sea que los significados de un signo identificador son válidos sean evidentes o implícitos. Y el análisis de esa validez deberá centrarse en las codificaciones reales, no conjeturales, sean evidentes o no evidentes para la opinión pública.

Ocho

Lo implícito y lo supuesto

Pero la citada tendencia al "abuso hermenéutico" va más allá, excede el terreno de las codificaciones socialmente instaladas y avanza sobre el resbaladizo terreno de lo conjetural: la asociación libre o el antojo.

Es indiscutible que, por ejemplo, toda figura triádica se anclará en una estructura lógica universal y que, consciente o inconscientemente, todo lector inscribirá esa figura en el paradigma de lo triple.

A partir de allí, los rasgos concretos de esa figura triádica permitirán orientar la asociación en un sentido u otro. No será lo mismo un triángulo que tres barras o tres estrellas. O sea, no es cierto que la mera triplicidad de la figura permita acumular en su significado el paradigma completo de lo triple. Resultará un abuso hermenéutico sospechar que, por ejemplo, en tres barras "están presentes el Padre, el Hijo y el Espíritu Santo" (cosas peores se han oído).

En cambio, una organización originada por la fusión de tres empresas podrá simbolizar ese origen creando un símbolo triangular. Muy posiblemente, sólo un público reducido —el que conozca tal origen— asociará ese signo a aquella fusión; pero ese vínculo estará implícito dado que ha sido el motivo de su creación: una realidad histórica.

El sentido "fusión de tres empresas" estará implícito y podrá develarse e incluso socializarse mediante su comunicación; que será facilitada por la verosimilitud de la metáfora: tres elementos lineales forman una figura superior (por ejemplo, un triángulo) gracias a su articulación. Se trata de símbolos "con coartada verosímil".

La enumeración de un repertorio extenso de hechos articulados en torno al número tres no autoriza en absoluto a suponer que tal repertorio obre en el público receptor como norma de lectura de todo signo triple.

Para que el número tres desencadene en el imaginario social el paradigma completo de lo triple, tal paradigma deberá estar instalado efectivamente en el inconsciente colectivo, hecho fácilmente verificable mediante sesiones de asociación libre. En un signo hay sólo aquello que los receptores ven explícitamente y aquello que pueda efectivamente develarse como existente o codificarse mediante la reiteración.

El símbolo de SUMITOMO es una figura cuadrangular, una suerte de rombo apaisado cuyos lados exceden los vértices cruzándose entre sí: un símbolo geométrico abstracto, pregnante, muy adecuado al perfil industrial de la empresa.

Para la amplísima mayoría del público es un símbolo arbitrario, una figura singular escogida al azar como símbolo; una figura que "no quiere decir nada". Pero, además, es la forma estilizada de un símbolo dinástico japonés. Al descubrirse esa otra articulación, el signo —que ya valía *per se*— cobra un nuevo valor, en este caso, positivo. Y este segundo significado es real, no conjetural, y, al develarse, será inevitablemente asumido como verídico.

En cambio, si yo digo que el subrayado del logotipo de telefónica significa "la línea láser que recalca la constancia y el compromiso", estaré inventando algo irreal pues no existe ningún anclaje verosímil entre aquella forma de "palillo" y el rayo láser (y mucho menos con la acción de recalcar la constancia y el compromiso): será una atribución arbitraria e indefendible, ausente, por demás, en las lecturas públicas.

Es objetivamente cierto que el color azul celeste de las franjas superior e inferior de la bandera argentina están asociadas al cielo; al menos para la sociedad argentina. Menos evidente es que la banda blanca intermedia esté asociada a las nubes; y absolutamente indemostrable que la división en tres bandas del mismo ancho signifique algo.

La significación es un hecho de naturaleza social y toda atribución artificial de sentido a un significante sólo tendrá éxito si se apoya en articulaciones reales y verosímiles, que es lo que distingue lo implícito de lo meramente supuesto.

Nueve

Conclusiones

Reseñemos ahora lo apuntado a modo de conclusión. Para abordar el análisis semántico de un signo identificador es indispensable:

- Reconocer que la significación es una función dependiente de las codificaciones sociales y no un contenido intrínseco del signo, o sea: el signo significa aquello que alguna convención social ha decidido que signifique.

- Reconocer que en la cultura gráfica de la sociedad existen unos estándares morfológicos y estilísticos que brindan una plataforma de sostén fiable a la decodificación social de los significados de un identificador gráfico y que en ello reside la "objetividad" de dicha significación.

- Reconocer que dichos "estándares semánticos" están por encima tanto de las lecturas coyunturales de los receptores como de las asignaciones de sentido unilaterales por parte de los emisores.

- Reconocer que la significación no es plana sino que observa capas, unas manifiestas y otras latentes y que ambas operan en los signos identificadores.

■ Reconocer que la significación de un signo identificador oscila entre la motivación y la arbitrariedad y que la única frontera de validez la plantean aquellas decodificaciones socialmente efectivas que resulten contraproducentes o desidentificadoras.

■ Reconocer que la lectura pública de un signo identificador experimenta variaciones en el tiempo y en el espacio; o sea, se modifica su sentido a lo largo de la historia y conforme el sector sociocultural que lo lee.

■ Reconocer que los significados de un signo identificador pueden ser evidentes o implícitos y que ambos refuerzan su sentido.

■ Reconocer que los significados atribuidos fuera de los códigos socialmente instalados y al margen de una práctica codificadora explícita son objetivamente inexistentes.

El corolario de esta reflexión: el análisis de los significados de un signo identificador debe limitarse a los significados socialmente codificados —explícitos o implícitos— y omitir toda articulación analógica ausente en el imaginario colectivo y difícilmente codificable de modo voluntario o artificial.

La asociación puramente especulativa resultará infundada, forzada, indemostrable; será una atribución de sentido caprichosa, no naturalizable, por carecer del respaldo de paradigmas socialmente reales y activos.

Toda asociación arbitraria, para materializarse deberá estar precedida por un trabajo de comunicación reiterada de esa articulación, una labor de convencionalización explícita, que podría evitarse si se recurriera a asociaciones ya instituidas.

La tarea interpretativa de los signos identificadores ha de arrancar de lo evidente y avanzar hasta lo razonablemente demostrable y detenerse antes de ingresar en la pura conjetura. O sea, considerar lo explícito y lo implícito, explorar lo latente y descartar abiertamente lo supuesto.

La respuesta productiva a esta complejidad reside, obviamente, en lograr una forma cuya "decodificación media", común al menos a los públicos fundamentales, coincida con las nociones básicas a transmitir; que posea un sustrato de significaciones implícitas y/o latentes potencialmente develables; y que las segundas o terceras lecturas no resulten perjudiciales a la comunicación de la identidad.

Aceptado lo anterior, pueden sugerirse los siguientes criterios para dar respuesta de diseño al plano específico de la significación, o sea, a la dimensión semántica de los signos identificadores.

- Si correspondiera optar por signos abstractos, o sea, que no hagan referencia explícita a nada más que, en caso del logotipo, al nombre (SIEMENS), se ha de cuidar que su diseño se inscriba en la tipología morfológica y estilística pertinente a su sector a fin de que connote, al menos, su perfil genérico y por lo tanto no desidentifique a su dueño.

- Lo mismo vale para el caso que se opte por un símbolo figurativo que sólo haga referencia a un nombre arbitrario (SHELL): tanto el tipo como el estilo han de connotar la inscripción sectorial saltándose y superando lo "injustificado" del nombre.

■ Y lo mismo vale para el caso de que correspondiese optar por signos abstractos, pero con articulaciones semánticas reales ocultas (SUMITOMO). Mientras esas articulaciones justificadoras del signo sigan ocultas, la pertinencia morfológica y estilística asumirá la tarea de legitimarlo y naturalizarlo. Y la eventual desocultación sumará sentido.

■ Finalmente, en el caso de que la opción válida sea a favor de signos "narrativos", o sea que la actitud narrativa resulte pertinente a la identidad (no siempre lo es), seguirán valiendo los principios de pertinencia morfológica y estilística. Incluso en el caso de que tal actitud narrativa estuviese en el límite de lo pertinente, la pertinencia morfológica y estilística colaborarán a reducir los riesgos de desidentificación o, lo que es lo mismo, de un proceso de identificación lento, conflictivo o disperso.

www.ingramcontent.com/pod-product-compliance
Lightning Source LLC
Chambersburg PA
CBHW052127150726
48002CB00006B/2513